W0390286

Papier-Tonis® durchs Jahr

Endlich sind sie da: Tonis® aus Papier! Bislang sorgten die Original-Tonis® für Furore, witzige Figuren aus Tontöpfen zusammengebunden und geklebt. Nun bekommen sie Konkurrenz von den Papier-Tonis®. Die sind genauso vielseitig und niedlich, aber zerbrechen nicht. Und damit sind sie auch für die Kleinen ein riesiger Bastelspaß!

Ob im Frühling, Sommer, Herbst oder Winter – Papier-Tonis® sind zu jeder Jahreszeit das I-Tüpfelchen der Fensterdekoration. Wie ihre Ahnen, die Tontopffiguren, sind auch sie sehr artenreich: ob Püppchen, Fabelwesen oder Tier, ob mit Draht- oder „Tontopf"-Armen, hier ist für jeden Geschmack etwas dabei.

Ihre Angelika Kipp

IHRE GRUNDAUSSTATTUNG

Folgende Materialien und Hilfsmittel benötigen Sie für fast alle Motive; sie werden nicht in den jeweiligen Materiallisten aufgeführt.

- Transparentpapier
- Bleistift
- dünne Pappe
- Schere
- UHU Alleskleber
- Filzstift in Schwarz
- Buntstift in Rot
- Kreisschablone (zum Aufmalen der Augen)
- Lochzange
- Lineal
- Schaschlikstäbchen
- Stecknadel (zum Stechen der Löcher für Draht)

Weitere Materialien werden bei den einzelnen Motiven aufgeführt.

Hinweis: Mit „Rest" ist ein Papierstück gemeint, das maximal A5 groß ist.

1

Gestaltung der Rückseite

Ein frei hängendes Fensterbild sieht besonders schön aus, wenn es von der Vorder- und Rückseite gestaltet ist. Dazu werden die meisten Motivteile doppelt benötigt, einmal seitenverkehrt. Sie werden spiegelbildlich, aber in der gleichen Reihenfolge wie auf der Vorderseite fixiert.

Drahtenden locken

Zum Locken von Drahtenden diese locker um einen Schaschlikstäbchen wickeln und vorsichtig wieder abziehen. Am einfachsten lässt sich der Draht von einem Metallstab wieder abziehen.

2

3

Schritt für Schritt erklärt

1 Das Transparentpapier auf das ausgewählte Motiv auf dem Vorlagenbogen legen und mit einem Stift alle benötigten Einzelteile ohne Überschneidungen abzeichnen.

2 Die übertragenen Vorlagen auf eine dünne Pappe kleben und die Einzelteile sauber ausschneiden – fertig sind die Schablonen!

3 Mithilfe dieser Schablonen die benötigten Motivteile arbeiten, dafür auf Fotokarton in der gewünschten Farbe legen, mit dem Bleistift umfahren und dann die einzelnen Teile ausschneiden. Zum Übertragen der Innenlinien diese auf Transparentpapier zeichnen, die Vorlage auf das Motiv legen und die Linien mit einem harten Bleistift nachzeichnen. Sie werden so auf den Tonkarton durchgedrückt und können mit einem schwarzen Filzstift nachgezogen werden; die Wangen mit Buntstift röten. Das Motiv laut Abbildung zusammenkleben, beim Positionieren hilft der Vorlagenbogen.

Toni® -Minis

→ klein, aber oho!

MOTIVHÖHE
Schmetterling ca. 14 cm
Schaf, Maus, Igel ca. 12 cm
Marienkäfer ca. 15 cm

MATERIAL PRO TIER

- Tonkartonreste in Hellbraun, Mittelbraun und Orange (Igel), Rosa und Grau (Maus), Pink und Weiß (Schaf), Pink, Hellbraun, Gelb und Orange (Schmetterling), Orange, Schwarz, Rot und Hellbraun (Marienkäfer)
- 4 Holzperlen in Schwarz, ø 1,2 cm
- Papierdrahtkordel in Blau bzw. Orange, je 2 x 5 cm (Beine) und 9 cm lang (Arme)
- Messingstab, ø 2 mm, beliebig lang

ZUSÄTZLICH MARIENKÄFER

- Papierdraht in Orange, 2 x 3,5 cm lang (Fühler)
- 2 Holzperlen in Schwarz, ø 1,2 cm
- dünner Silberdraht, 30 cm lang

SCHMETTERLING

- Papierdraht in Blau, 2 x 5 cm lang (Fühler)
- 2 Holzperlen in Gelb, ø 1,2 cm

VORLAGEN-BOGEN 1A

1 Das Gesicht, alle gepunktet gezeichneten Linien (siehe Vorlagenbogen), das Flickenmuster auf dem Marienkäferherz und das Schaffell mit Filzstift aufzeichnen. Die Wangen mit Buntstift röten. Beim Marienkäfer eine Papiernase aufkleben.

2 Die Perlen mit Klebstoff an den Papierkordelenden festkleben.

3 Bei Schaf und Maus die Gliedmaßen von hinten an die zusammengefügte Figur kleben. Beim Igel den Tontopf auf das Stachelkleid setzen, die Arme fixieren und den Kopf darüber kleben. Die Beine von der Rückseite aufkleben. Bei Schmetterling und Marienkäfer nach dem Festkleben der Gliedmaßen das Flügelteil anbringen. Die kurzen Papierdrahtstücke als Fühler fixieren.

4 Dem Marienkäfer ein Herz auf den Bauch kleben. Vor dem Aufsetzen Löcher einstechen und den Draht durchziehen und verdrehen. Die Drahtenden mithilfe eines Schaschlikstäbchens locken.

5 Als Blumenstecker einen Messingstab auf der Rückseite festkleben.

Clown Kunterbunt

→ hier geht es lustig zu!

MOTIVHÖHE
ca. 42,5 cm

MATERIAL

- Tonkartonreste in Hellbraun, Goldgelb, Orange, Rot, Hell- und Mittelgrün, Californiablau, Königblau und Weiß
- Pompon in Rot und Grün, ø 2 cm
- Pompon in Grün, Rot und Gelb, ø 1 cm
- Papierdraht in Orange, 19 cm (Arme) und 2 x 7,5 cm lang (Beine)
- dünner Silberdraht, 40 cm lang

VORLAGEN-BOGEN 1A

1 Das Gesicht, die Risse im Tontopf und alle gepunktet gezeichneten Linien (siehe Vorlagenbogen) mit Filzstift aufmalen. Die Flickennähte werden nach dem Zusammenkleben der Motivteile ergänzt. Die Wangen mit Buntstift röten.

2 Das Kopfteil zusammenfügen und den Kopf auf den Körper setzen. Die Flicken aufkleben.

3 Den Papierdraht mit angeklebten Händen und Schuhen von der Rückseite befestigen.

4 Den Clown laut Abbildung auf den Ball kleben und die Pompons aufsetzen.

5 Das Herz beschriften und an den eingestochenen Löchern den gelockten Silberdraht befestigen. Dem Clown das Herz an die linke Hand hängen und mit etwas Klebstoff am Körper fixieren.

Ich mag dich!

Niedliche Küken

→ die erste Flugstunde

1 Die Augen, den Schnabelstrich und alle gepunktet gezeichneten Linien (siehe Vorlagenbogen) mit Filzstift aufmalen. Flickennähte werden erst nach dem Zusammenfügen der Figur ergänzt. Die Wangen mit Buntstift röten.

2 Den Schnabel aufkleben und den Kopf auf den Tontopf setzen.

3 Die Federn laut Abbildung von vorne bzw. hinten an den Tontopf kleben.

4 Den Tontopf nach Belieben mit einem Herzflicken bekleben. Daran kann Draht befestigt werden. Dazu im Herz Löcher einstechen, den Draht durchziehen, verdrehen und die Enden locken.

5 In die Kükenfüße Löcher einstanzen und ein Ende des Papierdrahtes ca. 1 cm durchziehen, umbiegen und festkleben. Die Beine von hinten an den Tontopf kleben.

6 An das fliegende Küken die Wolken kleben.

MOTIVHÖHE

stehende Küken ca. 18 cm

fliegendes Küken ca. 13 cm

MATERIAL PRO KÜKEN

- Tonkartonreste in Gelb, Orange, Hellbraun und evtl. Weiß, Mittelblau bzw. Lila
- 3 Federn in Gelb
- dünner Silberdraht, 30 cm lang
- Papierdraht in Orange, 2 x 7 cm lang

VORLAGENBOGEN 1B

Wenn die Hühner mit dem Hasen ...

→ Osterspaß auf der Wiese

MOTIVHÖHE
Huhn ca. 21 cm
Hahn ca. 22,5 cm
Hase ca. 26,5 cm

MATERIAL
HUHN
- Tonkartonreste in Hellbraun, Gelb, Orange und Rot
- 4 Federn in Gelb
- Papierdraht in Orange, 2 x 7 cm lang

HAHN
- Tonkartonreste in Hellbraun, Gelb, Orange und Rot
- je 2 Federn in Gelb und Rot
- Papierdraht in Orange, 2 x 8 cm lang

HASE
- Tonkartonreste in Orange, Mittelbraun, Hellbraun und Rot
- Papierdraht in Orange, je 2 x 9 cm (Beine) und 8 cm lang (Arme)
- dünner Silberdraht, 30 cm lang

VORLAGENBOGEN 1A+1B

1 Das Gesicht, ggf. das Flickenmuster und alle gepunkteten Linien (siehe Vorlagenbogen) mit Filzstift aufzeichnen. Die Wangen mit Buntstift röten.

2 Beim Federvieh Schnabel, Hautlappen und Kamm aufkleben. Beim Hasen die zweiteiligen Ohren und das Herz aufsetzen. Für die Drahtverzierung auf dem Herz die Löcher einstechen, den Draht durchziehen, verdrehen

und die Enden mithilfe eines Schaschlikstäbchens locken.

3 In die Fußtöpfe Löcher einstanzen, die Papierdrahtenden durchziehen und fixieren. Das andere Drahtende hinter den Körper kleben.

4 Beim Hasen wie in Schritt 3 beschrieben die Arme anbringen, bei Huhn und Hahn die Federn aufkleben.

Kuhten Tag!

→ tierisches Willkommen

MOTIVHÖHE
ohne Aufhängung ca. 30 cm

MATERIAL
- Tonkarton in Meergrün, A3
- Tonkartonreste in Weiß, Lila, Pink, Rosa, Gelb, Orange und Lavendel
- Aluminiumdraht, ø 2 mm, 30 cm lang
- Chenilledraht in Weiß, je 2 x 6,5 cm (Beine) und 5 cm lang (Arme)
- dünner Silberdraht, 30 cm lang

VORLAGENBOGEN 1B

1 Das Gesicht und alle gepunkteten Linien (siehe Vorlagenbogen) mit Filzstift aufzeichnen und die Wangen mit Buntstift röten. Die Flickennähte und -muster werden erst nach dem Zusammenkleben aufgemalt.

2 Die Hörner, das Maulteil und das Fellmuster aufkleben und den Kopf auf den Körper kleben.

3 In die kleinen Tontöpfe Löcher einstanzen, den Chenilledraht durchstecken und auf der Rückseite ankleben.

4 Die Kuh, die Flicken, die Blume und den Schriftzug auf das Schild kleben. Ein Herz ist mit Draht geschmückt, dafür Löcher einstechen, den Draht durchziehen und die Drahtenden mithilfe eines Schaschlikstäbchens kräuseln.

HTEN!
AG

Wer quakt denn da?

→ fröhlicher Blumenschmuck

MOTIVHÖHE
ca. 24 cm

MATERIAL PRO FROSCH

- Tonkartonreste in Grün, Gelb, Rot, Weiß und evtl. Orange
- Messingstab, ø 2 mm (beliebig lang)
- Papierdraht in Grün, je 2 x 17 cm (Arme) und 11 cm lang (Beine)

VORLAGENBOGEN 2A

1 Das Gesicht und alle gepunktet gezeichneten Linien (siehe Vorlagenbogen) mit Filzstift zeichnen. Die Wangen mit Buntstift röten.

2 Die Krone, Augen, Lippen und die Zunge von vorne, das Halsteil von hinten am Kopf befestigen.

3 Den gelben Kragen von der Rückseite, die Schleife, die Herzen und die Flicken von vorne auf den Körper kleben.

4 In die Tontopffüße und -hände Löcher einstanzen und die Papierdrahtenden von vorne durchziehen und auf der Rückseite festkleben. Arme und Beine festkleben.

5 Als Blumenstecker den Messingstab von hinten am Motiv fixieren.

Tonia und Toni

→ gehören zusammen

MOTIVHÖHE
Tonia ca. 28,5 cm
Toni ca. 26,5 cm

MATERIAL TONIA

- Tonkartonreste in Hell- und Mittelbraun, Orange, Violett, Pink, Gelb, Hell- und Mittelgrün und Rosa
- Grasfaser in Orange

TONI

- Tonkartonreste in Hell- und Mittelbraun, Orange, Violett, Dunkelrot, Pink, Hell- und Mittelgrün
- Grasfaser in Orange

VORLAGENBOGEN 2A

1 Das Gesicht und alle gepunkteten Linien (siehe Vorlagenbogen) mit Filzstift aufmalen. Das Flickenmuster und die Flickennähte werden erst nach dem Zusammenkleben ergänzt. Die Wangen mit Buntstift röten.

2 Für die Haare Grasfaser (Junge ca. 4 cm, Mädchen ca. 6 cm lang) aufkleben und die zusammengeklebte Kopfbedeckungen aufsetzen. Die Haare in Form schneiden.

3 Den Körper aus den einzelnen Tontöpfen wie abgebildet zusammenkleben und mit der Schleife bzw. den Trägern und Flicken gestalten.

4 Die Figur auf die Grasfläche kleben und diese mit Blümchen dekorieren.

Bin im Garten

→ fröhlicher Wauzi

MOTIVHÖHE
ca. 32,5 cm

MATERIAL

- Tonkarton in Grün, A4
- Tonkartonreste in Hell- und Mittelbraun, Orange, Rot, Gelb, Schwarz, Grau, Lila und Hellgrün
- Tonpapierrest in Orange
- Papierdraht in Orange, 4 x 6 cm lang (Beine)

VORLAGENBOGEN 2B

1 Die Gesichter, das Haarteil der Biene, den Riss im Tontopf und alle gepunktet gezeichneten Linien (siehe Vorlagenbogen) mit Filzstift aufzeichnen. Die Wangen mit Buntstift röten.

2 Die Nase und die Ohren des Hundes laut Abbildung fixieren. Halsband und dreiteiliges Schwanzteil am Körper festkleben und das Kopfteil ergänzen. Die Füße an die Kordelenden kleben und diese hinten am Hundekörper fixieren. Den Hund auf die Wiese kleben.

3 Die Motivteile der Biene zusammenfügen, das Flügelteil von hinten ankleben und die Biene auf dem Hundekörper positionieren.

4 Die Wiese mit Schriftzug, Gras und Blumen bekleben.

Tipp: Das Schild kann mit Klebepads an der Türe angebracht werden.

IN
IM GARTEN

MOTIVHÖHE
ca. 24 cm

MATERIAL

- Tonkartonreste in Hell- und Mittelbraun, Schwarz, Gelb, Grün, Dunkelrot und Weiß
- 3 Federn in Schwarz
- dünner Silberdraht, 30 cm lang

VORLAGENBOGEN 2B

Rudi, der Rabe

→ flattert gleich davon

1 Die Augen, den Riss im Tontopf und alle gepunktet gezeichneten Linien (siehe Vorlagenbogen) aufmalen. Die Augen und den Schnabel auf den Kopf kleben.

2 Den Kopf und die Krallen auf dem Tontopf fixieren und den Raben auf den Ast setzen. Die Blätter aufkleben.

3 Die Flügel und den Kopfschmuck von der Rückseite fixieren und den Vogel mit einem Herz schmücken. In dieses vorher zwei Löcher einstechen, den Draht durchziehen, verdrehen und die Enden locken.

Waldwichtel

→ auf Pilzsuche

MOTIVHÖHE
ca. 24 cm

MATERIAL
- Tonkartonreste in Mittel- und Hellbraun, Orange, Rotbraun, Dunkelrot und Weiß
- Stoffherbstblatt, ca. 3,5 cm lang
- Bast in Natur
- dünner Silberdraht, 30 cm lang

VORLAGEN-BOGEN 2B

1 Das Gesicht, die Tontopföffnung und alle gepunktet gezeichneten Linien (siehe Vorlagenbogen) mit Filzstift aufmalen. Die Wangen mit Buntstift röten.

2 Die Nase und den Tontopf mit den angeklebten Basthaare (je ca. 4 cm lang) auf den Kugelkopf kleben.

3 Den Körper zusammenfügen. Zwei kleine Tontöpfe und ein orangefarbener Tonkartonkreis ergeben jeweils einen Arm. Die Arme laut Abbildung fixieren. Den Oberkörper auf den Unterkörper kleben und den Kopf aufsetzen.

4 Dem Zwerg ein Herz auf die Brust kleben. Für die Drahtverzierung auf dem Herzen Löcher einstechen, den Draht durchziehen und verdrehen. Die Drahtenden werden mit einem Schaschlikstäbchen gelockt.

5 Den Zwerg auf den Waldboden stellen und den zusammengesetzten Pilz und ein Herbstblatt dazu kleben.

Der Herbst ist da!

→ witziges Türschild

MOTIVHÖHE
ca. 32 cm

MATERIAL
- Tonkarton in Pink und Violett, A3
- Tonkartonreste in Hell- und Mittelbraun, Dunkelrot, Rot, Hellgrün, Orange, Gelb und Grau
- Tonpapierrest in Orange
- 3 Federn in Schwarz
- Papierdraht, 2 x 3 cm lang
- Knopf in Schwarz, ø 2 cm
- Wolle in Gelb
- Grasfaser in Orange
- Bast in Natur
- 2 Holzperlen in Gelb, ø 1,2 cm

VORLAGENBOGEN 3A

1 Die Gesichter, das Flickenmuster, das Loch im Tontopfboden, den Riss im Tontopf und alle gepunktet gezeichneten Linien (siehe Vorlagenbogen) mit Filzstift aufmalen. Die Flickennähte werden nach dem Zusammenfügen der Figur ergänzt. Die Wangen und die Zunge der Vogelscheuche mit Buntstift röten.

2 Die Nase und die Haare (je Seite ca. 8 cm lang) auf den Kopf kleben und den geflickten Tontopfhut aufsetzen.

3 Den Tontopfkörper laut Abbildung zusammenfügen. Den Bast in ca. 5 cm lange Stücke schneiden und hinter dem jeweils äußersten Tontopf an Armen und Beinen kleben. Den Kopf auf den Körper setzen und die Vogelscheuche auf den Ständer kleben.

4 Den kleineren auf dem größeren Kreis fixieren und die Vogelscheuche aufkleben. Den Hintergrund mit den Flicken, Gras und dem Schriftzug bekleben. Für die Schrift Tonpapier verwenden.

5 Den Schnabel des Raben auf den Körper kleben und von hinten die Federn als Flügel und Haarschopf fixieren. Jede Perle an ein Drahtende kleben und die Beine auf der Rückseite des Rabenkörpers befestigen. Den Vogel auf den rechten Arm der Vogelscheuche kleben.

LLO

Booh, ich bin ein Toni-Geist!

→ witziger Halloweenschreck

MOTIV-HÖHE
ca. 28,5 cm

MATERIAL
- Tonkartonreste in Weiß, Hellbraun, Hellgrau, Mittelgrau und Schwarz
- 4 Holzperlen in Braun, ø 8 mm
- dünner Draht in Schwarz, 4 x 2,5 cm lang
- 2 Spinnenpailletten, 1,2 cm lang

VORLAGEN-BOGEN 3A

1 Die Gesichter, den Tontopfriss, die Flickennähte, das Spinnengewebe und alle gepunktet gezeichneten Linien (siehe Vorlagenbogen) mit Filzstift aufmalen. Die Wangen mit Buntstift röten.

2 Die Tontopfarme an den Körper kleben und die Körperteile zusammenfügen. Die Spinnenpailletten ergänzen.

3 Den Fledermauskopf auf den Körper kleben. Die Perlen an je einem Drahtende fixieren und das andere Drahtende auf der Rückseite des Tieres festkleben. Dann das Flügelteil aufsetzen.

4 Die Fledermaus auf den Gespensterkörper kleben.

Hexe Lilly

→ auf der Suche nach Hänsel und Gretel

MOTIVHÖHE
ca. 28 cm

MATERIAL
- Tonkartonreste in Orange, Hell- und Mittelbraun, Rot, Grün und Gelb
- Juteband in Natur, 2,5 cm breit, 3 cm lang
- Weidenstock, ø 5 mm, 21 cm lang
- Spinnenpaillette, 1,2 cm lang
- Wolle in Rot
- Bast in Natur

VORLAGENBOGEN 3B

1 Die Gesichter, Tontopföffnung und Tontopfrisse, das Flickenmuster und alle gepunktet gezeichneten Linien (siehe Vorlagenbogen) mit Filzstift aufmalen. Die Flickennähte werden erst nach dem Zusammenfügen der Figur aufgezeichnet. Die Wangen und die Nase mit Buntstift röten.

2 Die Haare (ca. 8 cm lang) hinter den Huttopf kleben und das Hutband mit der Schnalle anbringen. Den Hut auf den Kopf kleben und die Haare in Form schneiden.

3 Die Arme zusammenfügen und an dem zusammengeklebten Körper fixieren. Diesen mit der Spinnenpaillette, den Flicken und dem Juteband bekleben.

4 Kopf und Pfoten der Katze von vorne und den Schwanz von der Rückseite auf den Tontopf kleben. Die Hexe auf den Waldboden kleben und ihr die Katze zu Füßen setzen.

5 Für den Besen Bast (ca. 9 cm lang) abbinden und den mit Klebstoff bestrichenen Zweig einstecken.

Mehr Schnee!

→ wenn Schneemänner träumen …

MOTIVHÖHE
ca. 28,5 cm

MATERIAL
- Tonkarton in Weiß, A4
- Tonkartonreste in Hellbraun, Rot und Orange
- Motivlocher: Schneeflocke
- 2 Pompons in Schwarz, ø 1,5 cm
- Bast in Natur
- Paketschnur, ca. 25 cm lang
- dünner Weidenstock, ca. 15 cm lang
- dünner Silberdraht, ca. 30 cm lang

VORLAGEN-BOGEN 3B

1 Das Gesicht und Flickenmuster und alle gepunktet gezeichneten Linien (siehe Vorlagenbogen) mit Filzstift aufzeichnen. Die Wangen mit Buntstift röten.

2 Den Tontopfhut mit der Schneefläche, den ausgestanzten Schneeflocken und dem Herz bekleben. Ins Herz vor dem Aufkleben Löcher einstechen, den Draht durchziehen, verdrehen und die Ende mithilfe eines Schaschlikstäbchens locken. Den Hut auf den Kopf kleben und die Nase aufsetzen.

3 Die Tontöpfe für die Arme zusammenfügen und auf den Schneemannkörper kleben. Hände und Füße ergänzen und den Kopf auf den Körper setzen, dabei den Schal mit einfassen.

4 Die Tanne auf die Schneefläche kleben und den Schneemann davor fixieren.

5 Den Schneemann mit Pompons, Schneeflocken und einer kleinen Schneedecke bekleben und ihm den Besen in die Hand kleben. Für den Besen Bast mit Paketschnur abbinden und den mit Klebstoff bestrichenen Stab einstecken.

Ho! Ho! Ho!

→ der Weihnachtsmann ist da!

MOTIVHÖHE
ca. 38 cm

MATERIAL
- Tonkarton in Grün und Weiß, A3
- Tonkartonreste in Orange, Gelb, Braun, Schwarz, Hell- und Dunkelrot
- Pompon in Weiß, ø 2 cm
- Juteband in Natur, 4 cm breit, 4 cm lang
- Paketband, ca. 30 cm lang

VORLAGENBOGEN 4A

1 Das Gesicht und alle gepunktet gezeichneten Linien (siehe Vorlagenbogen) mit Filzstift aufzeichnen. Die Wangen mit Buntstift röten.

2 Das Gesichtsteil hinter das Bartteil kleben und den Schnurrbart, die Nase und die Kopfbedeckung mit der Pomponbommel ergänzen.

3 Die Arme aus je drei kleinen Tontöpfen und einem Tonkartonkreis zusammenfügen.

4 Den dunkleren Oberkörper auf den helleren Unterkörper kleben und den Gürtel und die Gürtelschnalle aufsetzen. Die Arme und den Kopf fixieren.

5 Die Tanne auf die Schneefläche setzen und den Weihnachtsmann davor platzieren. Unter der linken Hand den zugebundenen Sack fixieren. Die Bandenden mit Sternen ankleben und den Juteflicken aufsetzen.

6 Die Tanne und den Weihnachtsmann laut Abbildung mit Sternen bekleben.

Kleiner (B)Engel

Beschreibung auf Seite 30.

Kleiner (B)Engel

→ schön weihnachtlich

MOTIVHÖHE
ca. 31 cm

MATERIAL
- Tonkarton in Hellbraun, A4
- Tonkartonreste in Gelb, Weiß, Rot und Orange
- 8 Klebesterne in Silber, ø 1,5 cm
- dünner Silberdraht, ca. 30 cm lang
- Draht in Schwarz, ø 0,65 mm, 3 cm lang
- Lametta in Silber

VORLAGENBOGEN 4A

Abbildung Seite 29.

1 Das Gesicht und alle gepunktet gezeichneten Linien (siehe Vorlagenbogen) mit Filzstift aufzeichnen. Die Flickennähte werden erst nach dem Zusammenkleben der Figur ergänzt. Die Wangen mit Buntstift röten.

2 Den Kopf mit dem Halsteil auf den Körper kleben. Die Arme und Beine zusammenkleben und von hinten am Körper fixieren. Die Flügel ebenso auf der Rückseite anbringen.

3 Den Engel auf die Wolke stellen und mit den Flicken und Sternen verzieren. Das Herz mit Draht schmücken, dazu Löcher einstechen, den Draht durchziehen, verdrehen und die Drahtenden mithilfe eines Schaschlikstäbchens locken.

4 Den Heiligenschein und die Haare aufkleben. Für diese Lametta (ca. 9 cm lang) mittig mit dünnem Draht bündeln.

Viel Glück

→ nicht nur zu Silvester

MOTIVHÖHE
ca. 14 cm

MATERIAL PRO SCHWEIN
- Tonkartonreste in Altrosa und Pink
- Tonpapierrest in Grün
- Chenilledraht, 18 cm lang

VORLAGENBOGEN 4B

1 Das Gesicht, die Löcher in den Tontopfböden und alle gepunktet gezeichneten Linien (siehe Vorlagenbogen) mit Filzstift aufmalen. Die Wangen mit Buntstift röten.

2 Das Schnauzenteil und die Ohren laut Abbildung fixieren und das Kleeblatt aus Tonpapier ankleben.

3 Jedes Bein aus zwei kleinen Tontöpfen und einem Tonkartonkreis zusammenkleben und am Körper fixieren.

4 Den Kopf auf den Körper kleben und den Ringelschwanz von der Rückseite festkleben. Den Chenilledraht vorher um einen Finger herum kringeln.

Gartenzwerg-Toni®

→ ein Klassiker

MOTIVHÖHE
ca. 26,5 cm

MATERIAL
- Tonkartonreste in Hellbraun, Orange, Rot, Hell- und Mittelgrün und Gelb
- Grasfaser in Orange
- 2 Holzknöpfe in Natur, ø 1,5 cm
- Bast in Natur

VORLAGEN-BOGEN 4B

Abbildung auch auf Titelseite.

1 Das Gesicht, die Risse in den Tontöpfen und alle gepunktet gezeichneten Linien (siehe Vorlagenbogen) mit Filzstift aufmalen. Die Papiernase aufkleben und die Wangen mit Buntstift röten.

2 Für die Haare Grasfasern (ca. 5 cm lang) von hinten an den Kopf kleben und den zusammengeklebten Hut mit einigen kurzen angeklebten Grasfasern als Pony aufsetzen.

3 Die Arme aus je drei kleinen Tontöpfen und einem Tonkartonkreis zusammenkleben und am Körper fixieren. Beim rechten Arm die zusammengefügte Blume mit einkleben. Durch jedes Knopfloch einen Bastfaden ziehen, auf der Rückseite verknoten und die Knöpfe aufkleben.

4 Den Toni® auf die Grasfläche kleben und das Grasbüschel davor setzen.

DIESES BUCH ENTHÄLT 4 VORLAGENBOGEN

IMPRESSUM

FOTOS: frechverlag GmbH, 70499 Stuttgart; Fotostudio Ullrich & Co., Renningen
REINZEICHNUNGEN: Berthold Kipp
DRUCK: frechdruck GmbH, 70499 Stuttgart

Auflage: 5. 4. 3. 2. 1.
Jahr: 2008 2007 2006 2005 2004 [Letzte Zahlen maßgebend]

ISBN 3-7724-3283-2
Best.-Nr. 3283